EUGÈNE GINAIN

1818-1886

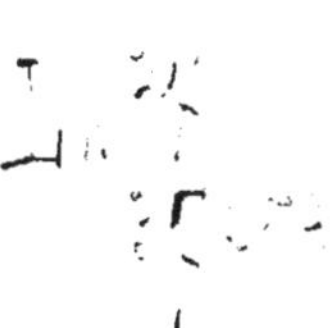

TIRÉ A

Cent cinquante exemplaires numérotés à la presse.

EXEMPLAIRE N°

G. VATTIER

EUGÈNE GINAIN

1818-1886

PARIS
IMPRIMERIE DE GEORGES CHAMEROT
19, RUE DES SAINTS-PÈRES, 19

1887

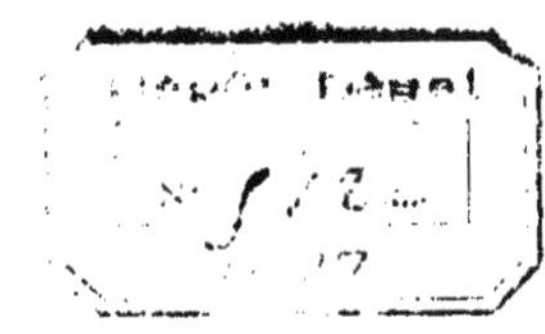

EUGÈNE GINAIN

1818-1886

Les hommes qui ont laissé une trace durable de leur passage à travers le temps, artistes ou écrivains, ne devraient pas avoir besoin qu'une main étrangère retraçât les titres par lesquels ils se sont distingués de la foule. N'ont-ils pas été leurs propres historiens, donnant d'eux-mêmes, par leurs œuvres, tout ce qu'il importe de retenir, sinon tout ce que réclame une curiosité dont notre siècle a vu croître de jour en jour les exigences ? Toutefois, dans un ordre d'idées moins générales où le sentiment prévaudrait sur les autres questions, n'y a-t-il pas, je le demande, certains moments pendant lesquels on souhaiterait qu'un souvenir matériel remît devant les yeux, pour la rendre plus distincte, plus présente, l'image de celui qui vient de disparaître et que voilent d'une ombre grandissante les années fugitives? Je cède à cette sollicitation en écrivant, pour une élite de lecteurs, quelques pages discrètes sur un artiste d'un noble caractère, d'un esprit charmant, d'une âme délicate, d'un talent sincère et fin. Durant les dernières années de sa vie, j'ai vécu dans la familiarité d'Eugène Ginain; il m'est peut-être permis d'espérer que cette étude, hommage rendu à un ami si regretté, n'affaiblira pas trop l'impression qu'ont gardée de lui ceux qui, comme moi, l'ont connu et aimé.

Louis-Eugène Ginain était d'ancienne souche bourgeoise, un de ces enfants de Paris dont la race n'a rien perdu des traits caractéristiques : allure alerte, humeur prime-sautière, esprit prompt à saisir les choses, fertile en saillies, volontiers gouailleur. Il vint au monde, le 20 juillet 1818, rue d'Argenteuil, en face de la maison où mourut Corneille, sur cette vieille et pittoresque butte des Moulins qui, avant de s'écrouler sous la pioche de M. Alphand, a rencontré deux historiens. Il était l'aîné de trois enfants dont le dernier, Paul-René-Léon, a sa place au premier rang des architectes contemporains.

Son père, après avoir conquis l'Europe en commun avec les cuirassiers d'un des douze régiments, avait eu la chance de revenir sain et sauf des steppes glacés de la Russie; dégoûté de la gloire si chèrement achetée, il s'était empressé de reprendre le métier de relieur où il a excellé. Les Ginain n'avaient pas marchandé à la patrie la dette du sang, tous soldats. L'aîné s'en était tiré avec tous ses membres, comme son frère; mais les deux autres avaient disparu dans les formidables hécatombes que Napoléon offrit au dieu de la guerre, sans qu'on ait jamais appris sur quel champ de bataille ils étaient tombés, glorieux et inconnus.

Eugène, destiné à la profession de libraire que son grand-père avait exercée, entra d'abord dans une institution du voisinage, puis lorsque le directeur, M. Maugé, eut transporté ses pénates au Marais, il suivit, en qualité d'externe, les cours du collège Bourbon. L'état modeste et paisible qu'on lui avait choisi, sans le consulter, n'était pas de nature à le séduire. Une vocation précoce l'entraînait vers le métier des armes, et il se plongea dans l'étude des mathématiques afin d'être le plus tôt possible en mesure de se présenter au concours de l'École de Saint-Cyr. Cette modification apportée à ses projets n'était pas sans causer au père Ginain un sensible déplaisir. Pourtant il devait s'accuser seul, se frapper humblement la poitrine, si son fils rêvait d'un sort plus périlleux mais plus brillant que celui dont on peut jouir entre des rayons chargés de livres. En dépit du passé rempli de privations, de souffrances et de deuils, pour lequel il avait gardé rancune à l'Empereur, René Ginain aimait à rappeler les exploits de sa jeunesse. Que de soirées écoulées en récits belliqueux, après dîner, les deux coudes sur la table! Il oubliait les heures à redire les batailles où se disputait la victoire, les charges à travers la mitraille, les poursuites enragées, les entrées triomphales à Vienne ou à Berlin. Eugène écoutait, l'œil enflammé, le cœur débordant d'ivresse, dévoré de l'envie de mêler son nom à ceux des héros d'une nouvelle épopée. La Révolution de Juillet avait encore attisé ce foyer incandescent, et pour que nul n'en ignorât de sa famille, de ses camarades, et même des simples passants, il avait adopté pour coiffure le bonnet de police. Cette ardeur s'éteignit peu à peu; il ne lui en resta qu'un goût décidé pour les choses militaires, et, dans la carrière qu'il adopta définitivement, une préférence qui mit un bout de cocarde à son pinceau et fit de lui un peintre de soldats.

Si Eugène, au lieu de marcher sur les traces des De Bure, des Techener et autres libraires érudits, se consacra à la peinture, la faute en fut encore à son père; mais au moins, dans cette occurrence, celui-ci n'eut-il pas à s'adresser de reproches directs. Le relieur travaillait pour le Musée du Louvre, et comme il jouissait de l'entière confiance du directeur, M. de Cailleux, il était autorisé à emporter dans ses ateliers les dessins qu'on le chargeait d'encarter. L'enfant regarda d'abord ces feuilles précieuses où le génie se livre dans l'abandon de son premier jet; poussé par cette irrésistible curiosité que les images éveillent dans les jeunes cerveaux, puis pénétré d'un sentiment plus profond, il en vint à passer ses dimanches en une contemplation à laquelle nul divertissement plus conforme à son âge ne pouvait l'arracher. Bientôt il ne lui suffit plus d'admirer et, dirigé par son goût naissant, il essaya de reproduire les admirables modèles qui se renouvelaient sous ses regards. Une fois le crayon entre les doigts, il ne le quitta plus. Tout ce qui s'offrait à sa vue, tout ce qui frappait son imagination était fixé sur le papier. Les marges et les gardes du vénérable Bourdon se couvrirent de bonshommes lestement croqués qui narguaient l'arithmétique, l'algèbre et la géométrie.

En 1834, Charlet habitait la rue Neuve-des-Petits-Champs et il faisait son service de garde national dans la célèbre compagnie commandée par Laffitte et à laquelle appartenait le père Ginain. L'ex-cuirassier de la Moskowa n'était pas d'accord avec le fils du dragon de Sambre-et-Meuse sur l'esprit libéral de Napoléon; entre eux existait néanmoins un point de contact qui les amenait à se rechercher. Sans doute il était attrayant de causer, entre deux factions, des guerres de la République et de l'Empire, mais les sujets les plus féconds finissent par s'épuiser, et un jour — peut-être bien une nuit — la conversation tomba sur Eugène, sur sa fureur de dessiner qui lui faisait négliger les devoirs du collège, voire même les études techniques dont il s'était mal à propos engoué. La confidence intéressa Charlet et il promit de venir voir les gribouillages du gamin afin de s'assurer s'ils dénotaient une vocation sérieuse ou simplement une de ces inclinations enfantines qui durent l'espace de quelques matins. Étonné des dispositions d'Eugène, il n'hésita pas à déclarer qu'on pouvait, suivant son expression, le laisser mordre au gâteau. En outre, il offrit ses conseils et l'hospitalité de son atelier. Le père Ginain avait eu de plus cruelles appréhensions sur l'avenir de son fils et, trouvant le métier de peintre moins dangereux que celui de cuirassier ou même de fantassin, il lui permit de s'y adonner sous un guide dont le nom volait alors sur toutes les bouches.

Par son application à l'étude, par la rapidité de ses progrès, le jeune homme justifia le pronostic de Charlet. Quand il ne travaillait pas sous la surveillance du maître, il courait les casernes, infatigable à dessiner des troupiers et des chevaux. Ce furent, en y joignant les Arabes, ses sujets de prédilection, ceux qui l'accaparèrent auxquels il resta toujours, presque toujours, fidèle. Le cheval surtout avait pour lui un attrait invincible; il l'aimait d'une telle passion qu'un de ces cheiks, dont il a magistralement rendu la fière tournure, aurait pu dire de lui comme de Mahomet : « Avec les femmes, ce que le Prophète aimait le mieux, c'étaient les chevaux. » Pour le connaître dans toutes ses parties, s'en rendre maître à fond, il n'avait pas reculé devant les travaux anatomiques les plus répugnants, s'enfermant de longues journées dans l'infect cloaque de Montfaucon, penché sur une dalle nauséabonde, le scalpel à la main, au milieu des équarrisseurs dégouttants de sang. Parmi les artistes qui aujourd'hui peignent des chevaux, pourrait-on en citer un seul qui se soit préparé par un si rude et si consciencieux apprentissage?

Charlet était satisfait de la sûreté avec laquelle Eugène plantait ses personnages, de la vérité qu'il mettait dans leur expression et leur mouvement, de l'exactitude qu'il apportait dans les moindres détails du costume; mais ces précieuses qualités, il les jugeait insuffisantes même chez un peintre décidé à se restreindre dans le genre. Il attachait le plus grand prix à l'étude du nu, souffrant de l'avoir négligée au début et attribuant à cette cause ses tâtonnements, sa difficulté d'exécution. Chez Gros, le maître qui l'avait formé, il aurait rencontré, pour faire des académies, les ressources qu'il n'était pas en mesure d'offrir; aussi engagea-t-il son élève à fréquenter l'atelier d'Abel de Pujol où se succédèrent, pendant la première moitié du siècle, des générations de peintres et de sculpteurs. Docile aux conseils du patron pour lequel il ressentait autant d'affection que d'admiration, Eugène se mit à copier assidûment des modèles de l'un et l'autre sexe. Puis quand la conformation du corps humain lui fut devenue aussi familière que celle du cheval, il exécuta un *Trompette de hussards sonnant la charge* qui parut dans les galeries du Louvre, à l'exposition de 1840. L'année précédente, avec l'appui de Charlet tout dévoué à ses élèves, surtout à celui qui occupait dans son cœur un coin privilégié, il avait eu la bonne fortune de vendre à Picard, le marchand de tableaux achalandé de la rue du Bac, une toile inspirée des guerres d'Italie : *Cuirassiers sabrant les artilleurs d'une batterie autrichienne.*

Admis au Salon, — c'était un honneur, comme un premier grade dans la hiérarchie à une époque où les expositions restreintes et choisies n'avaient rien de commun avec ces bazars d'approvisionnement exploités par les artistes réunis en société commerciale, — ayant déjà trouvé acquéreur pour un de ses ouvrages, Ginain pensait qu'il ne lui restait plus qu'à pousser de l'avant, à exploiter le filon. Cependant il n'était pas entièrement dans sa voie, et Charlet lui rendit encore le service de la lui ouvrir en tous sens, au propre comme au figuré. Un matin du mois de mars de cette année 1840, le maître tint à peu près ce langage à l'heureux débutant en train de savourer les douceurs du premier succès : « Votre Trompette a de l'allure, il est vivant et largement brossé, mais pourquoi l'avez-vous affublé d'un uniforme qui n'est plus d'ordonnance? Moi, j'ai peint des soldats de l'Empire parce que je les avais vus. On ne doit peindre que ce que l'on voit. Une occasion s'offre à vous de pratiquer ce principe essentiel.

Le gouvernement prépare en Algérie une expédition à laquelle prend part le duc d'Orléans. Allez retrouver le prince à Alger; je vous donnerai une lettre pour lui et je ne doute pas qu'il ne vous autorise à l'accompagner. Alors vous pourrez reproduire des scènes auxquelles vous aurez assisté, des hommes qui auront vécu devant vous, que vous aurez saisis sur nature, sur le vif, dans la réalité, vus enfin, vous m'entendez : vus! » *Voyez* était le mot favori de Charlet et il le prononçait avec un accent dont l'intention était si claire que tout commentaire était inutile. Horace Vernet disait, lui aussi : « Je ne sais pas inventer, je vois. » En effet pour ces artistes, vrais fils du sol, ces peintres de la vie et du mouvement, voir est le principal. Les contours, les attitudes, les gestes restent dans leur cerveau, empreints d'une rigoureuse exactitude; toutes les formes, à jamais fixées par un œil infaillible, y vivent, y agissent et ils les vivifient quand bon leur semble. Qu'importent à ceux-là les progrès de la chimie? Pour rendre dans toute la vérité de son allure un cheval au galop, ils n'ont pas besoin de recourir à un document photographique, ils interrogent leur mémoire qui les sert plus sûrement que tous les procédés scientifiques.

L'Afrique avec son ciel limpide et transparent, son soleil d'or en fusion, son aspect, ses mœurs, ses costumes orientaux, cette terre magique où l'on se battait sans souci de la stratégie, corps à corps, homme contre homme, à la manière des guerriers homériques, quelle perspective éblouissante pour un artiste de vingt ans, avide d'émotions et d'aventures! Et quelle joie quand il eut obtenu de sa famille les moyens d'accepter la proposition de Charlet, de réaliser le rêve entrevu! Charlet, alors, était un opposant politique. L'attitude pacifique du gouvernement avait humilié son patriotisme et il venait d'exhaler son indignation dans une suite de dessins à la plume, qui étaient de violents pamphlets; néanmoins il n'avait pas hésité à solliciter pour un des siens la bienveillance du prince royal avec lequel il s'était rencontré, au siège d'Anvers, dans la tranchée, et dont il était particulièrement estimé. Sa lettre produisit le résultat qu'il en attendait. Le duc d'Orléans accueillit le volontaire accouru à Alger, en déployant la bonne grâce qui lui avait gagné la sympathie générale. Il lui ouvrit les rangs de son brillant état-major et le recommanda chaleureusement à ses illustres compagnons d'armes, les colonels Bedeau, La Moricière et Changarnier.

Voilà donc Eugène s'en allant au-devant d'Abd-el-Kader, serré dans un élégant uniforme, un sabre à la ceinture, un portefeuille en sautoir, coiffé de ce tarbouch que les lithographies de 1840 à 1848 ont popularisé, et maniant avec l'habileté d'un officier de cavalerie un cheval nourri dans la vaste plaine du Sahara. Il partait en amateur, à ses risques et frais, sans attache officielle; l'artiste, désigné par le ministère pour suivre les colonnes et en perpétuer les hauts faits, était Philippoteaux, l'élève et le collaborateur de Léon Cogniet.

Je n'ai pas l'intention de raconter la campagne de 1840, mais je suis obligé de donner un rapide aperçu des opérations que Ginain a retracées avec son pinceau. L'armée, forte d'une dizaine de mille hommes, était rassemblée à Blida sous les ordres du maréchal Valée; elle avait pour objectif et pour terme de son action la ville de Médéa, capitale de la province de Titteri, où l'émir s'était établi en souverain indépendant. Le 27 avril, les troupes, dont la division commandée par le duc d'Orléans constituait l'avant-garde, s'engagèrent dans l'âpre défilé où coule la Chiffa, entre les pentes ravinées du Mouzaïa, et traversèrent la rivière. Averti que la cavalerie du kalifa de Miliana avait débouché par la gorge de l'Oued-Jer, le maréchal la fit attaquer immédiatement, et avant la nuit elle était rejetée sur les hauteurs de l'Affroun par une charge irrésistible des chasseurs d'Afrique dans laquelle le duc d'Aumale fit ses premières armes, préludant ainsi à l'audacieux coup de main de la Smala. Le 12 mai, le corps expéditionnaire arriva à Haouch-Mouzaïa, après avoir eu à repousser, dans plusieurs rencontres, la cavalerie arabe, les bataillons réguliers d'Abd-el-Kader et les détachements de Kabyles fanatisés par la guerre sainte; elle voyait en face d'elle, dans un enfoncement de la chaîne, dominé par un piton élevé, le col de Mouzaïa dont les crêtes couronnées de canons présentaient une défense formidable. L'attaque eut lieu le lendemain de trois côtés à la fois. A midi la division du prince royal commença son mouvement. « Les troupes s'élevèrent vers le piton de Mouzaïa par un terrain d'un accès extrêmement difficile et sur lequel elles ne pouvaient souvent cheminer qu'en s'aidant avec les mains. Ce fut un solennel moment que celui où ces braves soldats, dont un si grand nombre ne devaient plus nous revoir, s'éloignèrent de nous pour accomplir une des actions de guerre les plus brillantes de nos annales d'Afrique [1]. » Pendant que le colonel Changarnier débusquait l'ennemi de ses retranchements, le culbutait dans les ravins et plantait sur le point culminant de l'Atlas le drapeau du 2e léger, le duc d'Orléans enlevait avec la même intrépidité les redoutes qui lui étaient opposées et son jeune frère, courant à la tête des grenadiers, arrivait un des premiers sur le col que ses défenseurs abandonnaient en désordre. A sept heures du soir l'armée s'établissait sur le sommet qu'elle venait de conquérir et le 17 elle entrait dans les murs de Médéa, silencieuse et déserte.

Le bouillant volontaire avait partagé les fatigues et les dangers du soldat; non seulement il s'était exposé à recevoir, dans son poste d'observateur,

1. Rapport du maréchal Valée.

une balle qui ne lui était pas destinée, mais une fois il avait dû payer de sa personne. C'était dans une marche, en compagnie de La Moricière. On entrait dans une gorge étroite bordée de lentisques et d'ajoncs; le colonel s'approcha de l'artiste, et lui montrant les arbrisseaux immobiles : « Tout cela, lui dit-il, est peuplé de moricauds qui nous guettent et qui vont tomber sur nous. Mettez le sabre au poing et défendez votre peau. » La poudre ne tarda pas à parler, et une nuée d'Arabes entoura la colonne française. Eugène rendit la main à son cheval, qui, fidèle au sang et à la race, se précipita dans la mêlée, chargeant pour son propre compte. Lorsque les clairons eurent annoncé la fin du combat, il se retrouva sans la moindre égratignure, brandissant un sabre aussi clair qu'à la sortie du fourreau, mais ayant essuyé une perte qu'il aurait rachetée au prix de quelques gouttes de sang. Dans l'emportement de l'action son portefeuille s'était détaché, et les études de plusieurs journées, broyées sous les sabots des chevaux, disparurent jusqu'à la dernière parcelle. Il apprit ainsi, à ses dépens, ce que coûte la guerre, même à ceux qui en sortent parés de lauriers.

La campagne terminée, il partit pour Oran et, de là, sur une barque qui portait, entre autres passagers, des indigènes de tous les âges et de toutes les conditions dont il eut le loisir d'étudier les types et les costumes, gagna Mostaganem, célèbre par ses chevaux. Il était en vraie terre arabe, dans une région restée sourde à l'appel d'Abd-el-Kader et gouvernée par un bey. La vie arabe, ou tout au moins ce qu'il était intéressant pour un peintre d'en connaître, lui révéla ses secrets ; il assista aux scènes qu'il devait reproduire plus tard avec la vérité et le brio d'un témoin, retours de razzia et fantasias. Pendant une de ses courses à travers les buissons, les vignes et les figuiers, entouré de spahis qui l'escortaient et le protégeaient, monté sur un de leurs chevaux ardents, il poussa jusqu'à Mazagran où quelques mois plus tôt une poignée de soldats avait repoussé, quatre jours durant, l'assaut de deux mille ennemis. Bien qu'il eût rempli plusieurs pages de son album de souvenirs et de documents, il laissa à Philippoteaux le soin de mettre sous les yeux de la mère patrie cet exploit plus héroïque dans la légende que dans l'histoire.

Il quitta Alger dans les premiers jours d'août,

emportant assez de matériaux pour défrayer une production qui devait se recommander par l'abondance comme par la fidélité ; il ne lui fut plus donné de revoir ce pays vers lequel sa pensée se reporta toujours avec bonheur, quoiqu'il en fût revenu miné par des fièvres qui compromirent la solidité de sa constitution et dont les accès se manifestèrent plus fréquemment à mesure qu'il avança dans la vie. On peut dire que l'Algérie fut pour lui une seconde patrie. « Monsieur Eugène Ginain, peintre algérien. » Telle était la suscription des lettres de Charlet. Narrateur véridique, je ne saurais dissimuler que le voyageur impatiemment attendu à Paris par sa famille, s'attarda à Marseille, plus qu'il n'était nécessaire pour admirer la Canebière. Puisque mon parti en est pris de pousser le scrupule du vrai jusqu'à ses extrêmes limites, je l'avouerai : il était de ceux sur lesquels « un bel œil est bien fort » et qui se détournent volontiers de leur chemin pour suivre à la piste *un odore di femina*.

Après une absence de cinq mois, Eugène se retrouvait dans son atelier de la rue de Vaugirard, riche d'une récolte qui gonflait plusieurs portefeuilles, entouré de projets qu'il avait l'ambition de transformer en tableaux, si nombreux qu'ils fussent. Le numéro 75 de la rue de Vaugirard se présentait sous un aspect des plus champêtres, à l'époque où Paris n'avait pas subi les embellissements qui lui ont enlevé tout caractère. Il était connu dans le quartier du Luxembourg sous la dénomination de terrain Santerre et formait un vaste enclos couvert de hautes herbes, planté d'arbres sous lesquels aurait pu manœuvrer un peloton de cavalerie; au milieu s'élevait une construction légère qui abritait, Charlet en tête, une colonie de peintres séduits par la facilité de faire poser en plein air des modèles à quatre pieds.

De 1840 à 1846, le pinceau de Ginain est exclusivement consacré à l'Algérie; les Salons qui se succèdent montrent au public : *Prise du col de Mouzaïa*, *Arabes passant la Chiffa*, *Combat de l'Affroun*, *Épisode d'une razzia*, *Marche sur Médéa*, *Cavaliers arabes acceptant du lait dans le désert*, *Femme arabe entraînant du champ de bataille le corps de son fiancé*, *Après la bataille*. En outre de ces travaux plus importants il avait dû livrer à Picard un grand nombre d'aquarelles reproduisant les divers types de l'armée d'Afrique et répéter, dans des dessins à la plume, genre très recherché alors, la plupart de ses croquis pour le duc d'Orléans qui avait eu le mérite d'en apprécier la verve, le naturel, le jet heureux et vrai.

Quand on passe en revue les productions que je viens d'énumérer dans leur ordre chronologique, on s'aperçoit que l'artiste avait suivi, sauf pour le *Passage de la Chiffa* qu'il ne donna que trente ans plus tard, la succession des événements militaires. Ayant eu l'avantage d'assister de sa personne à ces événements, il faisait du même coup œuvre de peintre et d'historien.

Combien de gens font-ils des *tableaux* de bataille,
Dont ils se sont tenus fort loin !

Assurément il n'est pas nécessaire d'avoir suivi les opérations sur le champ de bataille pour créer une œuvre immortelle. Gros n'était pas à Eylau. Toutefois, dans l'ouvrage de celui qui se trouvait là, qui a vu, surtout s'il s'agit d'un épisode, la note est plus émue, plus vibrante, l'accent plus sincère, et personne ne saurait nier que l'art n'en profite tout aussi bien que la vérité.

Le premier tableau exposé fut donc la *Prise du col de Mouzaïa*, une page vivante, d'un coloris chaud et vigoureux. Sous un ciel saturé de clarté, à gauche se dressent des rocs boisés et abrupts, à droite s'enfonce un ravin surplombé par un massif noirâtre et sinistre; au milieu, sur la hauteur, flambant au soleil, l'étroit sentier où courent le duc d'Orléans et ses grenadiers; enfin, au premier plan, le reste de la colonne dans l'animation de la lutte; pas de hors-d'œuvre de fantaisie, aucun épisode plus ou moins ingénieusement imaginé. Ce morceau de début contenait, dans une mesure appréciable, les qualités qui distinguent Ginain : entente de la composition, habileté à disposer et à grouper les personnages, justesse de l'expression et des mouvements, franchise de l'exécution et, par-dessus tout, le parti pris, puisé à bonne école, de sacrifier les détails. « Les masses avant tout, » ne cessait de proclamer Charlet. Je regrette de ne pouvoir donner l'opinion du maître sur le premier tableau exécuté d'après ses indications, mais une lettre me permet de le faire sur une autre toile, la *Marche sur Médéa* : « J'ai été très content et très impressionné par votre tableau, j'y ai trouvé un très beau ton, puis un certain tact d'entente qui donne du charme; enfin je vous en fais mon compliment, non de forme, mais bien sincère. » Son intérêt, comme je l'ai déjà signalé, ne se bornait pas au conseil et à l'éloge. A propos des *Cavaliers arabes dans le désert,* exposés au Salon de 1844, il écrivait : « On ne peut y mettre que deux cent cinquante francs. Prenez toujours. » Dans ces temps modérés la peinture ne se payait pas au taux qu'elle a atteint depuis. Cette remarque ne vise pas, bien entendu, les prix fantastiques enregistrés par les journaux américains.

La correspondance entre le maître et l'élève, trop rare et malheureusement incomplète, — Eugène ne conservait guère ses lettres, — n'embrasse que la période de 1842 à 1844; elle porte en grande partie le timbre de Viroflay où Charlet s'était réfugié dans l'espérance qu'un air plus pur lui rendrait les forces qui l'abandonnaient. L'artiste populaire, atteint du mal auquel il succomba pendant l'automne de 1845, ne pouvait plus, depuis quelques années déjà, se dépenser auprès de ses élèves aussi généreusement que d'habitude, et il avait dû demander à Léon Cogniet, dont le talent et le caractère lui étaient profondément sympathiques, d'alléger sa tâche. Ce fut donc sous l'influence et avec les encouragements de ce peintre énergique et sobre que Ginain exécuta les tableaux qui suivirent son retour d'Afrique. Aussi ce second maître eut-il toujours une part dans la reconnaissance et l'affection respectueuse qu'il ne cessa de témoigner au premier. Le caractère même de cette affection touchait particulièrement Charlet. Lui qui apportait dans le train ordinaire de la vie un peu trop de débraillé et se laissait traiter avec une familiarité excessive par des gens qui lui étaient inférieurs sous tous les rapports, sut toujours gré à Eugène de sa réserve et de ses formes contenues. En aucune circonstance l'élève dévoué ne se départit de son attitude déférente, même dans les gaies réunions que la *Société des Frileux* avait fondées chez un marchand de vin de la rue de Sèvres; j'ajoute : au coin de la rue Saint-Placide, pour complaire à l'école du document.

La peinture, malgré la passion qu'il lui avait vouée, n'absorbait pas Eugène tout entier; il restait dans son cœur assez d'espace pour y loger les sentiments de famille et il se préoccupait de l'avenir du frère qui grandissait à ses côtés. Celui-là non plus ne devait pas être libraire; sa vocation se révéla également de bonne heure et dans des conditions qui ne manquent pas de piquant. Il suivait, à son tour, les classes du collège Bourbon et il lui arrivait quelquefois — quel écolier n'a pas connu cette mauvaise ou cette bonne fortune? — d'être mis à la porte par un professeur de tempérament nerveux. Regagner la maison paternelle où l'on aurait été reçu par des reproches plus cruels que cette peine temporaire de l'ostracisme, n'était pas chose admissible! Mais que faire dans la rue, le cœur gros et les poches vides? Par bonheur, s'élevaient aux alentours les bâtiments de la gare de l'Ouest et dans les chantiers en pleine activité où le petit proscrit n'avait d'abord cherché qu'un refuge, il rencontra une distraction qui lui faisait oublier ses disgrâces universitaires. Léon n'avait pas de secrets pour « le grand frère » qu'il chérissait tendrement et il lui avait confié l'emploi de quelques-unes de ses journées; le peintre en déduisit cette conclusion, peut-être téméraire si la suite ne s'était chargée de la justifier, que son jeune frère était doué pour l'architecture des plus merveilleuses dispositions. Le père ne se fit pas trop tirer l'oreille pour partager cet avis. Dans l'esprit de la bourgeoisie de 1830, le renom des architectes l'emportait de beaucoup sur celui des peintres. Une autre considération eut une influence plus déterminante encore sur la décision du relieur. Il comptait au nombre de ses clients l'illustre Fontaine, l'architecte attitré de tous les souverains qui s'étaient succédé sur le trône depuis Napoléon Ier. Pourquoi son fils ne parviendrait-il pas à occuper une position, sinon égale — il n'osait élever son ambition jusque-là, quoique les pères ne soient jamais modestes dans les conjectures qui concernent leurs enfants — du moins approchante de celle du personnage considérable qui l'employait? Il plaça d'abord Léon auprès d'un vérificateur, afin qu'il eût un métier, si le talent ne se manifestait pas. Le jeune homme ne fit pas un long séjour chez ce modeste praticien car il fut bientôt en état d'entrer utilement dans le célèbre atelier de Lebas d'où il devait sortir, en 1852, couronné par l'Académie des beaux-arts. René Ginain eut la satisfaction de voir partir son fils pour la villa Médicis; la mort le priva de la joie suprême de contempler, sous la coupole de l'Institut, Léon revêtu, comme Fontaine, de l'habit à palmes vertes.

L'année 1846 fut signalée par un événement qui faillit mettre aux prises la France et sa blanche voisine. Le roi Louis-Philippe avait conçu le dessein de marier le plus jeune de ses fils à la sœur d'Isabelle II qui, elle-même, épousait son cousin don François d'Assise. Le cabinet de Saint James, avec cette sagacité et cette pénétration de vues dont sont doués les hommes d'État, déclara que la sécurité de l'Angleterre était menacée par l'union d'un prince français avec une infante et s'opposa énergiquement à son accomplissement. Le gouvernement de ce monarque, dont le sceptre, pour reprendre l'expression si juste de Henri Heine, était un rameau d'olivier, ne céda pas à l'intimidation, et le duc de Montpensier se mit en route pour l'Espagne en compagnie du duc d'Aumale. Le royal fiancé, sur la recommandation du baron Taylor, fit choix de Ginain pour son peintre ordinaire et lui donna rendez-vous à Madrid. L'administration des musées avait désigné, de son côté, MM. Blanchard et Karl Girardet pour reproduire officiellement les pompes du double mariage.

Eugène quitta Paris vers la fin de septembre. Seul au départ, il s'était associé, avant de traverser les Pyrénées, un agréable compagnon, Amédée Achard, jouissant déjà d'une certaine notoriété dans le journalisme et qui a joué, non sans agrément, son petit air de flûte dans le concert des romanciers contemporains. « J'étais assis, nous raconte l'auteur de *Belle-Rose*, sur la banquette, en compagnie d'un peintre, Eugène Ginain, bon et spirituel garçon, qui se rendait à Madrid, armé de son crayon, comme moi d'une plume. Lorsqu'on est du même pays, qu'on a le même âge (il se rajeunissait de quatre ans, comme une coquette prévoyante) et presque le même but, l'un voulant croquer ce que l'autre veut décrire, on est bien vite camarades. J'avais rencontré mon artiste à Bordeaux; à Bayonne nous étions déjà de vieilles connaissances. La banquette nous servait d'observatoire et je laisse à penser si la conversation roulait avec la voiture[1]. » J'ai cité ce passage parce qu'il donne d'Eugène un croquis exact et le montre dans l'épanouissement de la jeunesse, à ce moment souriant où ceux qui l'ont connu deviennent de moins en moins nombreux. L'impression ne varie pas, favorable, sympathique de la part de tous. Dans le récit de son voyage avec Giraud, Desbarolles qui allait le rencontrer la semaine suivante, s'exprime ainsi : « Nous entrâmes pour déjeuner au café Suisse. Je remarquai à une des tables un joli garçon, porteur d'une toilette et d'une physionomie parisiennes. Il nous examina aussi : il paraissait prêt à nous parler à chaque moment, et à chaque moment il hésitait. Mais lorsque Giraud appela le garçon, il s'écria : — Tiens, c'est Giraud ! — Ginain ! s'écria celui-ci en lui tendant la main. » Et présentant le nouveau venu à ses lecteurs, il ajoute : « Ginain, c'est le charmant peintre de chevaux que vous connaissez tous[2]. »

Aujourd'hui l'express met dix-neuf heures à parcourir les six cent quarante kilomètres qui séparent Madrid d'Irun, et il franchirait plus ra-

1. A. Achard. *Trois mois en Espagne.*
2. Desbarolles. *Deux artistes en Espagne.*

pidement encore cette distance si le tempérament méridional n'avait pas le culte du *poco a poco*. Enfermée dans une boîte oblongue,

> ... l'humaine créature
> Ne respire et ne voit dans toute la nature
> Qu'un brouillard étouffant que traverse un éclair[1].

En 1846, le trajet durait à peu près quatre jours, mais combien il était plus amusant, plus riche d'incidents, plus fécond en souvenirs ! C'était dans une diligence tirée par dix mules pomponnées, pimpantes et sonnantes qu'on traversait les vallées fraîches et verdoyantes de la Guipùzcoa, tenu en éveil par le tintement argentin des grelots, le bruit assourdissant des norias et les cris du zagal voltigeant autour de l'attelage, le chapeau pointu sur la tête, un bâton à la main. Les villages aux toits rouges disparaissaient l'un après l'autre et le bruissement des roues attirait aux balcons de jolies curieuses qui, à travers les touffes bleues des campanules, répondaient par des œillades furtives et brûlantes aux saluts et aux sourires des voyageurs. Le soir, arrêt à la fonda où des maritornes, plus

1. A. de Vigny. *La Maison du Berger*.

avenantes que l'héroïne de Cervantes, déposaient sur la table, sans se presser, le puchero national et les inévitables garbanzos. Puis, l'estomac repu, sinon satisfait, chacun regagnait lestement sa banquette. Après Burgos on pouvait dormir tout son soûl, esquivant ainsi le paysage pelé de la Vieille-Castille aux sables rouges et aux bruyères grises, mais il fallait rouvrir les paupières en approchant de la Somma-Sierra dont les pentes étaient fréquentées par des hôtes en guenilles armés de tromblons inquiétants. Malgré leur bonne mine et leur apparence cossue qui les exposaient à des péripéties romanesques, les deux amis arrivèrent à Madrid sans accroc d'aucune sorte, ni à la bourse, ni au cœur, et se logèrent calle de Alcala « dans une maison aux volets verts, vis-à-vis d'une église rose ».

L'endroit était heureusement choisi pour des observateurs. Tout Madrid se déversait dans cette large rue de Alcala reliant l'une à l'autre la Puerta del Sol et le Prado, les deux splendides promenades qui entretiennent dans la ville un carnaval éternel ; et non seulement Madrid, mais la province accourue de tous les points cardinaux pour prendre sa part des fêtes des mariages. Ginain n'avait qu'à mettre la tête à sa fenêtre pour faire connaissance avec l'Espagne entière dans la riche bigarrure de ses races et de ses costumes. Devant lui passaient tour à tour « le Maragate au chapeau à larges bords, au pourpoint de cuir, au ceinturon fermé par une boucle de cuivre; le Valencien aux grègues de toile blanche, aux jambes entourées de cnémides avec sa *capa de muestra* sur l'épaule, les alpergatas et le foulard qui enveloppe sa tête rasée; l'Andalou avec ses guêtres de cuir de ronda ouvertes en dehors, sa faga de soie rouge ou jaune, sa veste brodée de soie ou enrichie de découpures de drap; le Vieux-Castillan en casquette de peau de loup, en veste d'astrakan ou en manteau couleur tabac d'Espagne; les Manchègues, vêtus de noir, culotte courte et bas drapés; les manolos avec leurs jaquettes et leurs petits sombreros de calanes[1] ». Il chercha vainement dans les groupes de Madrilènes mignonnes, au pied mince, à la taille cambrée, la manola, ce modèle classique de grâce, d'élégance, de désinvolture, avec son jupon en cloche, son peigne haut dressé sous la mantille,

1. Th. Gautier. *Les Fêtes de Madrid.*

ses bas rouges, ses souliers de satin; elle avait disparu comme la grisette parisienne, fleur desséchée que l'herbier de Paul de Kock conserve seul à la curiosité de nos neveux. Pendant une semaine Ginain mena l'existence la plus occupée et la plus mouvementée, toujours dehors, courant d'un bout de la ville à l'autre, ne s'arrêtant que pour soulager sa mémoire dans une note crayonnée à la hâte. Que de scènes se déroulèrent à ses regards! Entrée des princes avec une suite pompeuse, fêtes et cérémonies dans l'intérieur du palais, bals, dîners, baisemain, cortège en marche vers l'église d'Atocha, bénédiction des époux par le patriarche des Indes, représentations de gala aux théâtres de la Cruz et del Principe, courses sur la plaza Mayor où l'animal, dans ces occasions solennelles, avait l'insigne honneur d'être tué par un caballero et non par un simple torero. Partout, comme en pays de féerie, des réjouissances et des divertissements! Une ivresse générale et sans limites! Maisons pavoisées et illuminées, puis, au coin des rues principales, sur des estrades établies en plein air, les plus célèbres danseuses de ce pays fou de la danse, se déhanchant au bruit des castagnettes, l'œil et la lèvre en feu ! L'ensemble du tableau indiqué sur le papier, restait à s'assurer du détail, des accessoires qu'il voulait scrupuleusement justes, et sur son livre de croquis se rencontrent, dans un désordre récréatif, des silhouettes d'officiers et de soldats aux uniformes variés, un hallebardier habillé comme nos gardes françaises, un timbalier, un alguazil, coiffés à la Henri IV. Sur une page une ballerine dont les flancs ploient sous une basquine éblouissante ; sur la suivante, des chevaux caparaçonnés, des cochers, des valets de pied, une voiture à glaces et à vastes lanternes qui semble sortir d'une toile de Van der Meulen ; au-dessous un étrange véhicule, le calesino aux roues rouges, à la caisse peinturlurée, attelé d'une mule empanachée de houppes multicolores.

Quand, par hasard, le soir, il pouvait disposer de quelques heures de liberté, il s'en allait à la casa Monnier où tout un monde artistique et littéraire avait arboré le drapeau aux trois couleurs. Entre les murs resserrés de ce modeste logis se réunissaient, sous la présidence de Dumas, dans la floraison exubérante de sa gloire, le fidèle et dévoué collaborateur Maquet ; le jeune Alexandre, qui depuis... alors il n'était pas même l'auteur des *Aventures de quatre femmes et d'un perroquet;* Théophile Gautier, qui ne put jamais apprendre un mot d'espagnol, mais toujours chez lui dans les contrées véritablement ensoleillées; Amédée Achard, dont personne ne prononçait le nom sans ajouter : « Lisez l'*Époque,* » par une allusion plaisante — que les nouvelles générations ne saisiront pas — à l'immense et bruyant journal dont il était le correspondant; puis Louis Boulanger, celui que Victor Hugo appelait « mon peintre »; Girardet, Blanchard, enfin Eugène Giraud et Desbarolles qui venaient de traverser l'Espagne, à pied, l'escopette en bandoulière. A la casa Monnier chacun avait son emploi; Dumas s'était réservé celui de cuisinier, et Eugène fut admis plus d'une fois à l'honneur de savourer une de ces salades que l'inépuisable romancier, supérieur sur ce point à ses rivaux, confectionnait à l'aide des procédés les plus ingénieux, sans huile et sans vinaigre.

Le duc de Montpensier repassa les Pyrénées, le 22 octobre, après avoir obtenu, pour son peintre, la croix d'Isabelle la Catholique. Ginain ne fit pas cette fois l'école buissonnière, et dès qu'il eut réuni les éléments indispensables à ses travaux, il se hâta de rentrer à Paris afin d'être en mesure de remplir les engagements qu'il avait contractés. Le 25 janvier 1847, il remettait à son protecteur une suite d'aquarelles qui, rassemblées en album, furent offertes à la reine Isabelle II. Elles ne passèrent pas sous les yeux du public. Quelques amis, de rares et augustes connaisseurs, purent seuls en apprécier le mérite. Il répéta plusieurs de ces compositions commémoratives, à l'aquarelle également et sans profit pour l'expansion de sa renommée, car elles étaient destinées à des membres de la famille royale et particulièrement à celui qui occupait dans ces réminiscences d'Espagne une place si importante. Admis souvent en présence du duc de Montpensier, il ne tarda pas à se mêler à son entourage et même à pénétrer dans sa familiarité. Le prince, séduit par l'entrain, la franchise et la délicatesse de sentiments d'un artiste dont le crayon était sans cesse à sa disposition, se plaisait à le voir auprès de lui, l'appelant à chaque instant à Vincennes où son régiment tenait garnison. Au mois d'août de la même année, il l'emmena à Bapaume, pour le rendre témoin — témoin précieux qui savait donner la durée aux choses éphémères — des expériences d'artillerie que le ministre de la guerre l'avait chargé de faire contre les vieilles fortifications de la ville. Peu de temps auparavant, le duc lui avait commandé un tableau qui compte d'une façon toute spéciale dans l'œuvre de l'artiste, car il eut à le répéter trois fois.

Ibrahim-Pacha, envoyé par ses médecins dans une station thermale des Pyrénées, avait profité de son séjour en France pour visiter Paris. Le roi Louis-Philippe offrit à son hôte, entre autres réjouissances, la fête qui exerce le plus de séduction sur les souverains, une revue au Champ-de-Mars. Le principal épisode de cette scène militaire fut le défilé, devant le duc de Nemours, le prince de Joinville et le vainqueur de Nézib, du 1er régiment d'artillerie dont le duc de Montpensier était colonel. Le tableau qui la reproduisait était à peine terminé qu'éclatait la révolution de Février. Cette catastrophe frappa l'homme dans ses affections et l'artiste dans ses intérêts. Ginain voyait disparaître, avec la famille régnante à laquelle il s'était donné, — et il n'était pas homme à se donner deux fois — les espérances d'avenir le plus légitimement fondées.

Le contre-coup des événements ne se fit pas attendre et il eut à subir sa première épreuve, au début du nouvel ordre de choses. Avant l'ouverture de l'exposition, le directeur des beaux-arts, M. Jeanron, le pria de retirer la toile qui formait son unique envoi. L'administration jugeait dangereux ou, pour le moins, inopportun d'offrir à la vue de la population parisienne les fils d'un roi dont cette population venait de briser la couronne. La démarche était courtoise, peut-être prudente, et Eugène se rendit au désir exprimé avec la résignation du condamné qui n'a pas à discuter sa sentence. Mais l'année suivante, sans plus se soucier de considérations politiques qui le blessaient à tous égards, il expédia au Salon le tableau compromettant. Le public le remarqua et le goûta. La direction des beaux-arts, sans s'inquiéter du sujet et ne s'attachant, comme c'était son devoir, qu'aux qualités de l'ouvrage, proposa à l'auteur de l'acquérir pour les galeries de Versailles. La proposition était aussi flatteuse qu'embarrassante. Une commande, on s'en souvient, avait été faite par le duc de Montpensier qui depuis ne s'était pas préoccupé de la renouveler, et Ginain obéissant à un sentiment de discrétion suggéré par une excessive délicatesse avait considéré son royal client comme dégagé vis-à-vis de lui; il crut donc pouvoir accepter les avances de l'administration. L'affaire était conclue, lorsqu'il vit, un matin, entrer dans son atelier, le général Thiery, ancien aide de camp du duc de Montpensier, chargé de réclamer la toile à laquelle le prince tenait vivement, loin de l'avoir oubliée. Eugène un peu confus dévoila la scabreuse situation; aussitôt qu'elle fut parvenue à sa connaissance, le duc s'empressa de dissiper les remords qui bourrelaient la conscience timorée du peintre, en lui demandant une reproduction de l'œuvre appartenant à la France. Il eut bientôt le plaisir d'accrocher dans son cabinet, au palais de San-Telmo, cette copie devenue, grâce aux changements apportés par un pinceau non servile, un second original.

Il n'y eut pas d'exposition de peinture et de sculpture en 1850, et Eugène s'abstint de prendre part à celle de 1851. Le moment n'était pas favorable aux arts, aussi ne laissa-t-il pas échapper l'occasion d'empocher une poignée de louis et de fuir Paris tourmenté et assombri par les agitations des partis. Un administrateur intelligent, M. Bias, s'était récemment chargé d'exploiter le casino d'Aix en Savoie, dont il avait terminé la construction depuis longtemps commencée et suspendue faute d'argent. Ce n'était pas tout que d'ouvrir de somptueux salons, il importait de les peupler, d'y attirer les étrangers, surtout les voisins de France qui ne s'aventuraient guère de ce côté de la frontière. Pour atteindre le résultat désiré, un peu de réclame était nécessaire, et M. Bias confia à Amédée Achard le soin de la présenter sous une forme attrayante. Celui-ci écrivit, sous le titre de *Une saison à Aix-les-Bains*, un intéressant volume, et comme une publication de ce genre ne saurait étaler trop d'enjolivements, il s'adressa, pour des illustrations, au dessinateur qu'il avait rencontré sur la banquette de la diligence, entre Bordeaux et Bayonne. « Quand il sera temps de partir, écrivait-il au collaborateur dont le concours lui fut si précieux, je vous préviendrai et nous nous mettrons en route. Après avoir vu les Pyrénées ensemble, nous verrons les Alpes. »

Ginain arriva à Aix, en pleine saison, vers la fin de juillet 1850, dans les meilleures conditions hygiéniques pour aller aux eaux, n'ayant pas besoin de se désaltérer à la source bienfaisante. Le souhaitable métier que de parcourir d'un pied infatigable, un album sous le bras, la délicieuse vallée qui verdoie entre la Croix de Nivolet et la Dent du Chat et que baigne le lac où « ils ont aimé »! L'ombre d'un châtaignier invite à la halte et pendant que les jambes se délassent, les doigts volent sur le papier. De toutes parts se déroulent les motifs gracieux ou sévères : l'arc de Campanus, la colline de Tresserve, les rives du Bourget que bat parfois un flot tumultueux, Châtillon en ruine, Hautecombe regorgeant de marbres, la cascade de Grésy, l'humble maison des Charmettes éternellement hantée par l'image adorable de la femme que Rousseau a immortalisée en la déshonorant! Plus tard, quand on descend le coteau qui ne se remonte jamais, il est doux de se rappeler, même *nella miseria,* quoi qu'en ait dit le poète, les jours tranquilles et apaisés qui se sont écoulés, sous un ciel clément, dans un heureux abri !

En Savoie, Ginain retrouva un autre compagnon de Madrid, Louis Boulanger, qui, profitant d'un après-midi de repos, fit de lui, aux deux crayons, un portrait agréable et ressemblant.

L'année 1851 le revit sur les grandes routes. Une invitation l'avait appelé à Séville qui était, avec San Lucar, la résidence du duc de Montpensier. Durant ce second voyage, Ginain put jouir de l'Espagne à son aise, n'étant plus harcelé par une besogne qui dévorât tous ses instants. Il lui fut loisible de rêver sans remords et de flâner sans soucis à travers la ville orientale, mystérieuse et blanche, la ville aux patios hospitaliers où l'amour passe dans l'air, ivre du parfum des orangers. Quel régal pour les yeux que les *Delicias de Cristina !* Croiser, sous les frais ombrages, ces Andalouses si vantées, minces et souples, à la démarche molle et provocante, aux mobiles prunelles s'emplissant tour à tour, sous les franges de la mantille, de flammes et de langueurs, puis pêle-mêle, confondues avec les promeneuses de qualité, les hardies gitanas. sortant de la manufacture de tabac, enroulées au bras d'un amant, une fleur rouge dans leurs cheveux noirs, le cigare aux lèvres. La tour de l'Or franchie, le flâneur ravi arrivait sur la *plaza de toros,* et lorsque les portes du cirque s'ouvraient, il escaladait les gradins avec l'impétuosité d'un aficionado. On sait que la capitale de l'Andalousie est renommée pour les corridas; son cirque passe pour un des plus vastes et c'est incontestablement le plus magnifique de la péninsule. L'arène est entourée de hautes arcades brusquement interrompues par une large brèche qui encadre une décoration magique : la cathédrale et la tour rose de la Giralda avec ses balcons, ses colonnettes moresques et sa colossale statue de la Foi scintillant au soleil comme un rubis. Ginain en fit une étude très détaillée pour l'exécution d'un tableau destiné à enrichir les collections du palais de San Telmo et qui figura au Salon de 1853. Dans une architecture irréprochable d'exactitude il mit en œuvre une des péripéties les plus émouvantes de ce duel à mort, celle qui amène face à face les deux adversaires, l'espada agitant sa muleta provocatrice, et le taureau prêt à s'élancer, l'œil sanglant et la tête baissée. Le héros du drame n'est pas une des grandes épées du temps, Montès ou le Chiclanero; il se nommait Carmona et survit, élégant et svelte, dans deux aquarelles vivement touchées que j'ai souvent admirées, en feuilletant les portefeuilles qui renferment les rares croquis échappés à l'éparpillement d'une inépuisable libéralité. De ses visites à la *plaza de toros*, il reste d'autres souvenirs, entre autres de superbes études de taureaux qu'il utilisa dans deux toiles commandées par Goupil : *Picador recevant le taureau sur sa lance; Chulo plantant une banderilla dans les flancs de l'animal.* Le même éditeur avait formé le projet de recueillir, dans une suite, que la gravure devait reproduire, tous les épisodes qui composent une corrida; mais, après avoir vu les premières planches, Ginain mécontent d'une interprétation indécise et infidèle renonça à continuer l'entreprise. Une entrée de cuadrilla avec ses espadas, ses banderillos, ses chulos, ses picadores dans leurs costumes d'une richesse éclatante, est demeurée à l'état d'esquisse; c'est un morceau des mieux venus, vigoureux et du plus beau ton.

A San Telmo il avait retrouvé le *Défilé du 1er régiment d'artillerie.* Aux approches du départ, le prince raconta à son hôte que le duc de Wurtemberg éprouvait une admiration si grande pour cette toile qu'il avait été sur le point de la lui laisser emporter en Allemagne; mais au dernier moment, malgré son envie d'être agréable à son beau-frère, il ne s'était pas senti la force de se séparer d'un ouvrage qui lui rappelait le passé regretté et lui tenait particulièrement au cœur. Le résultat de cette confidence se devine. Pour contenter les deux princes, Ginain peignit une troisième fois la fête en l'honneur d'Ibrahim; il en fit une quatrième répétition pour son frère, mais en esquisse seulement. Des différents propriétaires de la *Revue,* Léon Ginain ne fut pas le plus mal partagé, car parmi les esquisses d'un artiste qui a excellé dans ces productions où l'inspiration, libre d'entraves, se donne toute carrière, celle-ci se classe parmi les meilleures avec la *Distribution des aigles au Champ-de-Mars,* dont le tableau n'a jamais été fait.

Ginain ne retourna plus en Espagne, ni comme voyageur, ni comme artiste. Les toreros et les gitanas n'avaient pu balancer dans son cœur ces Arabes qu'il apercevait, à travers l'espace, se détacher, dans leurs burnous blancs, sur un ciel limpide et bleu. Des vingt toiles qui, de 1855 à 1870, parurent dans les Salons, neuf empruntent leur sujet au pays qui avait enchanté sa jeunesse; la plupart des autres sont consacrées au cheval. Le hasard l'avait mis en relation avec un Américain possédé d'une passion égale à la sienne et qui se montrait insatiable de commandes. Pour se trouver en mesure de répondre aux fantaisies d'un amateur si précieux, il loua, dans le quartier Beaujon, sur l'emplacement actuel du Tattersall, un vaste atelier où les voitures pouvaient circuler. De cet hippodrome sortit, pour l'Exposition universelle de 1855, l'*Attelage à la Daumont,* une calèche attelée de quatre chevaux dont le faire habile et correct fut apprécié par les connaisseurs en peinture aussi bien que par les raffinés en matière de sport. Destinée à traverser l'Océan, cette toile resta à Paris, ainsi que d'autres de dimensions diverses et d'un genre semblable. Ginain venait de reconnaître que le citoyen des États-Unis avait plus de goût que d'argent. C'était un protecteur des arts à rebours, Mécène disposé à s'enrichir aux dépens d'Horace. Le mécompte ne le découragea nullement. Si, dans l'avenir, il se défia un peu des Américains, il n'en aima pas moins le cheval, le représentant dans toutes ses allures, sous tous ses aspects, le marquant du caractère qui lui est propre suivant l'usage que l'homme en tire, traitant avec la même science et le même succès les chevaux de guerre ou de luxe, de trait ou de travail. Parmi ces derniers il convient de citer les chevaux de halage envoyés au Salon de 1865, d'une anatomie énergique, d'un dessin robuste, d'un coloris brillant et juste à la fois, puis encore, dans un ton différent et quoique le noble animal ne remplisse pas le cadre entier, deux charmantes compositions intitulées : *le Printemps* et *l'Automne*. Une route fraîche et verdoyante, éclairée d'une gaie lumière; un postillon au visage juvénile et souriant passe tenant en main le second cheval; il a rencontré Denise ou Catherine qui s'en va au marché, montée sur son âne et, enlaçant d'un bras caressant la taille de la jeune fille plus émue qu'effrayée, il lui met sur la joue un baiser, le baiser des fiançailles sans doute : c'est l'aube, la jeunesse, le Printemps! La même route, mais des arbres défeuillés et le ciel gris d'un jour tombant; le postillon est le même, mais affaissé sous le poids de la vie et des années, triste et grave; il arrive devant la croix de pierre du village et, songeant aux êtres aimés qu'il a perdus et qu'il ira bientôt revoir, soulève son chapeau d'un geste mélancolique : c'est le crépuscule, la vieillesse, l'Automne!

En 1858, il eut le bonheur de se réunir à Léon, revenu de Rome après avoir terminé son pensionnat. Les deux frères ne se séparèrent plus, vivant côte à côte, cœur à cœur, dans une union que le lien du sang n'a pas toujours la puissance de resserrer si étroitement, mettant en commun les bonnes comme les mauvaises fortunes, les espérances et les déceptions plus fréquentes encore de la vie d'artiste. Chacun d'eux ressentait les joies et les peines de l'autre plus vivement que celles qui l'affectaient personnellement. Rien n'était plus touchant que cet accord dans lequel se confondaient deux existences et qui ne se démentit jamais. Leurs ateliers, situés en haut du même escalier, s'ouvraient vis-à-vis sur un étroit palier; deux portes à pousser et l'architecte venait donner un conseil au peintre, celui-ci accourait réconforter l'architecte aux heures de défaillance qui se produisent fatalement dans le cours d'un long travail. Ces heureuses années furent une période fertile de production pour Eugène, qui ne laissa passer aucun Salon sans s'y montrer. Il était alors dans le plein de sa verve, sûr de lui-même.

Les événements de 1870 lui portèrent un coup doublement douloureux. Peintre militaire, il était atteint dans son culte pour l'armée, dans les rêves de gloire qu'il avait formés. Aussi, lorsqu'il reprit ses pinceaux, ne songea-t-il jamais à représenter un fait de la guerre désastreuse, quoi qu'il eût pu en rencontrer plusieurs qui honorèrent le drapeau français. Faisant un retour de trente-deux années en arrière, il revint aux champs de bataille où il avait entendu les clairons chanter la victoire et traita la première opération stratégique à laquelle il avait assisté en 1840 : *le Passage de la Chiffa*. Le duc d'Orléans, suivi de son état-major, précédé du duc d'Aumale, auquel il donne un ordre, traverse la rivière avec sa division, en marche sur Médéa. La composition, où les groupes s'encadrent naturellement, est pleine d'animation et de vie, la facture facile et large. Les personnages indiqués dans leur ensemble, par un trait expressif et sobre, le ciel d'une limpidité sereine, le terrain avec ses montagnes aux arêtes finement découpées, tout s'unit dans une harmonie pénétrante. Et quel charmant effet que celui du soldat, en observation au sommet d'un des contreforts du Djurdjura et dont la silhouette se profile, légère, sur le fond transparent! Cet ouvrage qui, par son caractère et sa dimension, semblerait appartenir au genre, est une page d'histoire; elle en a la noble simplicité, la vérité sévère, l'impression élevée.

Il était tout entier à ses compagnons d'Afrique, que représentaient seuls, épargnés par le temps, le duc d'Aumale et Changarnier, lorsque lui arriva, à l'improviste, la plus enviable des commandes. Le ministre des beaux-arts, sur la désignation de Charles Blanc, qui appréciait vivement son talent, le chargeait de reproduire la revue passée le 29 juin 1871, dans la plaine de Longchamps, devant le Président de la République et l'Assemblée nationale. Autrefois, il avait eu la mission de retracer la rentrée triomphale des troupes après Magenta et Solférino. 1859 et 1871 ! Quel abîme entre ces deux dates, liées pourtant l'une à l'autre par une politique imprévoyante! Quels cruels contrastes! Néanmoins, les spectateurs de 1871 n'oublieront jamais l'enthousiasme que cette fête guerrière excita dans une population accablée par les plus rudes épreuves. De quelles acclamations furent salués ces fantassins sans épaulettes, ces cavaliers sans manteaux, condamnés, à peine sortis des prisons de l'Allemagne, à reprendre Paris aux barbares acharnés contre la patrie mutilée! Toutes les poitrines battirent à l'aspect de ces héroïques soldats, écrasés sous le nombre, qui, eux aussi, avaient tout perdu, fors l'honneur. Pour la première fois, depuis août 1870, un sourire brilla dans les yeux de la France. L'artiste justifia la confiance de Charles Blanc et il fixa sur la toile, de manière à la conserver dans sa vérité palpitante, une scène grandiose.

Dans le courant de l'automne 1875, Ginain s'installait chez lui, dans un atelier moins modeste que celui où il perchait, sur les hauteurs du Roule, depuis que l'impitoyable expropriation l'avait chassé du quartier Notre-Dame-des-Champs. Le peintre Eugène Giraud possédait un hôtel, aux Ternes, dans un de ces enclos que nous voyons disparaître de jour en jour. Désireux d'avoir ses amis pour voisins, il les décida à acquérir un lot contigu, qui avait conservé, de son ancienne parure d'arbres à fruits, un magnifique abricotier. Léon y construisit une maison où il s'ingénia à combiner, dans la partie destinée à son frère, toutes les aises que pouvait souhaiter un peintre. Mais, dans cet atelier, où il entra joyeux, disposé à abattre de la besogne, Eugène ne termina que deux tableaux : *Artillerie en marche, épisode des grandes manœuvres d'un corps d'armée*, dont le terrain, très important, est supérieurement traité, — au surplus, et j'aurais dû le dire plus tôt, tous ses paysages sont charmants ; *Follette*, portrait de grandeur naturelle d'une chienne, la joie de la maison et sa sécurité. Ce dernier ouvrage, exposé en 1879, fut son adieu aux Salons. Il avait reçu, en 1878, la décoration de la Légion d'honneur, heureux d'une distinction qui arrivait tardivement, plus heureux encore d'avoir vu son frère l'obtenir avant lui.

Déjà, quoique dans la force de l'âge et malgré la solidité de son tempérament, il supportait plus difficilement les accès de la fièvre qu'il avait contractée dans les bivouacs de l'Afrique ; le moral aussi était ébranlé. Un sentiment qu'il n'avouait pas, mais qui n'avait pu échapper à la sollicitude d'amis attentifs, l'envahissait peu à peu. Il éprouvait ce découragement qui trouble, sur le soir de la vie, à l'époque des rêves échoués et des illusions ruinées, les âmes trop délicatement trempées. Pour combien de ceux qui travaillent, artistes, écrivains, a-t-elle sonné cette heure mélancolique où l'on en vient à douter de soi-même, à jeter un regard de pitié sur le livre commencé, le tableau ébauché, et à se dire, en haussant les épaules d'un geste lassé : « A quoi bon? » Il faut si peu de chose pour exercer une influence néfaste sur les êtres dont le talent est tout âme, pure sensibilité!

En toute matière, même en art où il semblerait que les règles du goût, à quelques nuances près, dussent être invariables, la mode impose son empire capricieux. La faveur du public se déplace, cédant à un engouement dont la durée est plus ou moins passagère. Ginain ne relevait pas de l'école, en vogue aujourd'hui, qui se complaît à la poursuite du détail, au soin extrême du rendu, à la dispersion de l'effet sur toutes les parties indistinctement et qui produit des ouvrages du fini le plus précieux, mais un peu froids, où les personnages ne remuent pas, n'y vont point, pour employer une expression vulgaire mais caractéristique, bon jeu bon argent. Charlet écrivait, en 1844, à son élève, qu'il priait de porter des aquarelles à l'éditeur Picard : « Ce sont des croquades d'amateur; je sais qu'on veut aujourd'hui du fini, brossé, ciré, luisant. » Trente ans plus tard, les exigences du public se retrouvaient de même nature, sans que Ginain daignât tenir compte de manifestations contraires aux enseignements de sa jeunesse et à l'idée d'un art désintéressé qui l'avait dirigé pendant toute sa carrière.

Il était, pour fixer son rang dans la peinture du XIXe siècle, de la race purement française, légère, au génie clair et naturel, à l'intelligence ouverte, retenue par un goût qui est la mesure en tout, réfléchie jusque dans les entraînements de l'imagination, race à laquelle appartenait son maître vénéré et cet étonnant Vernet dont la réputation subit dans notre temps confus et dévoyé les vicissitudes que l'injustice humaine n'épargne à aucune gloire. Comme l'auteur de la *Smala,* Ginain excellait à lancer sur une toile des escadrons au galop (ne les voit-on pas courir, les cuirassiers et les chasseurs du Salon de 1857?), comme lui il se piquait de l'exactitude qui donne à un tableau, en même temps que la physionomie et le relief, toute la valeur d'un document historique. Chez Horace Vernet cette dernière qualité, grâce à une mémoire prodigieuse des choses, — quant aux mots il les retrouvait difficilement — atteignait des proportions vraiment extraordinaires. Dans le fait il retenait tout. Sainte-Beuve, dans l'intéressante causerie consacrée à celui qui fut, l'espace d'un quart de siècle, le peintre national, insiste sur ce don et rapporte une anecdote significative. Horace peignait pour l'empereur de Russie une revue de Napoléon au Carrousel. Son beau-frère, le général Rabusson, contestait un détail de harnachement ou d'uniforme sur un cavalier appartenant au corps des guides dans lequel il avait fait tout son avancement; lui, de son côté, affirmait qu'il n'avait pas commis d'erreur. Aucun des contradicteurs ne voulant se rendre, force fut de soumettre le différend à une autorité indiscutable. La vérification faite au ministère de la guerre donna raison au peintre qui « ne s'était trompé ni d'une ganse ni d'un bouton ». Pour l'exactitude des accessoires, les tableaux de Ginain sont irréprochables, et l'érudit le plus spécial ne saurait le prendre en faute d'anachronisme. Quelques-uns s'écrieront : « C'est peu de chose ! » Rien, si vous voulez, rien de moins qu'un de ces scrupules de conscience qui distinguent un talent et honorent un artiste. En ce moment, le guide le plus sûr à consulter sur les transformations par lesquelles a passé l'équipement de nos soldats n'est pas un peintre de batailles, mais un peintre d'ordre bien opposé, qui a décoré Notre-Dame, Saint-Jean-Baptiste et le Panthéon de grandes compositions d'un style sévère et profondément religieux, M. Théodore Maillot.

Il faut nourrir les espoirs ambitieux et avoir les forces sans cesse renouvelées de la jeunesse pour remonter les courants; Ginain se refusa à la lutte. La dignité de son caractère l'avait éloigné des milieux où s'établissent les réputations que la postérité ne sanctionnera pas. Il n'avait rien demandé à la presse et ne lui devait rien; il travaillait pour des juges plus autorisés et plus compétents. Sans doute il y eut en son cœur des amertumes secrètes, mais jamais un mot désobligeant pour des rivaux plus favorisés ne tomba de ses lèvres. Dans l'entière possession de son talent, entouré d'ébauches et d'études qui le sollicitaient à produire, il cessa de pratiquer l'art dont il avait été épris en idolâtre et se consola dans la culture des fleurs. Le sécateur remplaça le pinceau. « Je ne suis plus peintre, répondait-il avec un sourire résigné, je suis jardinier. »

La nature est féconde en apaisements. D'autres consolations lui venaient des hautes et ferventes amitiés qu'il partageait avec son frère. Aux premiers souffles du printemps, quand l'abricotier, respecté des maçons, blanchissait sous sa neige odorante, la maison s'ouvrait devant des hôtes choisis. En voyant assis, entre lui et Léon, dans leur salle à manger plus grande que celle de Socrate et remplie, selon les vœux du philosophe, les convives qui l'estimaient autant qu'ils l'aimaient, sa bonne humeur revenait, un rayon de gaîté traversait ses yeux clairs et animait son franc et aimable visage. Là se retrouvaient Augustin Dumont, simple, affable, d'une conversation sérieuse et instructive; l'architecte Lesueur, toujours jeune à quatre-vingts ans, mangeant bien, buvant mieux encore, et chantant, au dessert, quelques-unes de ses spirituelles chansons; Jules Thomas, l'auteur du *Virgile*, un des chefs-d'œuvre de la sculpture moderne, talent grave, esprit enjoué; Cavelier, d'un commerce facile; Alfred Delehelle, ancien compagnon de Léon à la Villa Médicis, qui a écrit un des plus jolis opéras-comiques de ce temps, *Monsieur Polichinelle,* condamné au silence par son horreur des démarches et des sollicitations; un autre pensionnaire romain, Bellay, dont la pointe fine et distinguée a su faire revivre Eugène dans un portrait qui donne une valeur à cette modeste étude; Théodore Maillot, arrivant invariablement le dernier, parce qu'il s'était attardé à la poursuite d'un casque, d'une plaque de ceinturon, d'un bouton d'uniforme qui manquaient à sa collection; d'autres plus humbles et non moins cordialement accueillis.

Vers 1884, sous des apparences trompeuses, malgré une vivacité d'allure qui reparaissait après les crises, l'état de Ginain empira et des inquiétudes justifiées alarmèrent son entourage. Rarement ses forces lui permettaient de passer sur pied une journée entière et le séjour de Paris lui devint insupportable. Le changement d'air, les soins dont il était comblé ne purent que retarder un dénouement douloureusement prévu. Le 24 janvier 1886, il s'éteignit entre les bras de son frère bien-aimé, ayant conservé, jusqu'au dernier soupir, la liberté de son esprit, la quiétude de son âme. Cet homme de bien, si doux aux autres, méritait que la mort lui épargnât d'inutiles rigueurs.

CATALOGUE

DES

OUVRAGES D'EUGÈNE GINAIN

Cuirassiers sabrant les artilleurs d'une batterie autrichienne.

Trompette sonnant la charge.

(SALON DE 1840.)

Prise du col de Mouzaïa.

(SALON DE 1841.)

Les Arabes passant la Chiffa.

(SALON DE 1841.)

Combat de l'Affroun.

(Le 1er régiment de chasseurs d'Afrique, le duc d'Aumale en tête, charge l'ennemi et le rejette sur la rive droite de l'Oued-Jer.)

Épisode d'une razzia.

(SALON DE 1843.)

La Promenade.

(Salon de 1843.)

Marche sur Médéa.

(Salon de 1844.)

Des cavaliers arabes acceptant du lait dans le désert.

(Salon de 1844.)

Femme arabe entraînant du champ de bataille le corps de son fiancé.

(Salon de 1845.)

Après la bataille.

(Salon de 1846.)

Revue passée au Champ-de-Mars le 25 mai 1846 en l'honneur d'Ibrahim-Pacha.

(Salon de 1840. — Musée de Versailles.)

Reproduction.

(Chez S. A. R. Mgr le duc de Montpensier.)

Reproduction.

(Pour le duc Alex. de Wurtemberg.)

Course de taureaux à Séville.

(Salon de 1853.)

(Chez S. A. R. Mgr le duc de Montpensier.)

Picador recevant le taureau sur sa lance.

Chulo plantant une banderilla dans les flancs du taureau.

(Ces deux tableaux ont été gravés par Cottin.)

Noria dans les environs de Séville.

(Chez S. A. R. Mgr le duc de Montpensier.)

Chevaux au pré; étalon et cavale.

(Chez M. G. Vattier.)

Le Colonel Daumas reçoit la soumission de Mahi-el-Din près la Maison Carrée, dans la Mitidja.

(Salon de 1855. — Musée d'Alger.)

Attelage à la Daumont.

(Salon de 1855.)

Trotteur attelé à un cabriolet.

Bataille de Marengo. Mort du général Desaix.

(Salon de 1857. — Musée de Versailles.)

L'esquisse retouchée appartient à M. Richard Desaix.

Combat de l'Affroun.

(Salon de 1857.)

Les Chasseurs à pied.

(Salon de 1857.)

Les Zouaves.

(Salon de 1857.)

Camp de Châlons. Charge par escadrons en fourrageurs (chasseurs).

(Salon de 1859. — Musée de Châlons.)

Camp de Châlons. Charge en ligne (cuirassiers).

(Salon de 1859.)

La Rentrée des troupes de l'armée d'Italie.

(Salon de 1861. — Musée de Versailles.)

Détachement de la division de Constantine et chefs arabes de la province se rendant à Alger, à l'occasion du voyage de l'Empereur et de l'Impératrice.

(Salon de 1863.)

Appartenait au Musée de Strasbourg où il a été brûlé pendant le siège de 1870.

Faust (épagneul).

(Salon de 1863.)

Le Printemps.

(Salon de 1863.)

L'Automne.

(Salon de 1863.)

Fantasia.

(Salon de 1864. — Musée d'Angoulême.)

Chevaux de halage.

(Salon de 1865.)

Cavalier arabe.

Salon de 1865. — Musée d'Orléans.

Le grand Cherif Sidi-Ali-Ben-Brahim des Ouled-Sassi, se rend avec toute sa tribu à la mosquée, pour la célébration du rhamadan.

(Salon de 1866.

Chevaux de halage.

Salon de 1866.

Équipage de cerf.

(Salon de 1867. — Chez M. Simons.)

El Habel (le Lait).

(Salon de 1868. — Musée d'Ajaccio.)

Le Retour d'une colonne après une razzia.

Salon de 1869. — Musée de Chartres.)

Le Drapeau ; artilleurs à cheval.

Cheval de gaada (cheval de soumission).

(Salon de 1870. — Musée de Rennes.

Campagne d'Algérie en 1840.

(Marche sur Médéa. La première division formant l'avant-garde. sous les ordres du Duc d'Orléans, passe la Chiffa.

Salon de 1872.

Revue du 29 juin 1871.

(L'armée de Paris, sous le commandement du maréchal Mac-Mahon, duc de Magenta, défile devant le Président de la République et l'Assemblée nationale.)

(Salon de 1873. — Musée de Versailles.)

Cavalier arabe tirant un coup de fusil.

Convocation d'un goum par le kaïd.

(Salon de 1874.)

Sur la route; — chevaux de poste.

(Salon de 1875.)

Entrée de l'écurie; — chevaux de poste.

(Salon de 1875.)

Un obstacle; — chevaux de chasse.

(Salon de 1875.)

Le Chérif; — souvenir de Mostaganem.

(Salon de 1876).

La Retraite; — cavaliers réguliers d'Abd-el-Kader.

(Salon de 1876.)

Artillerie en marche; épisode des grandes manœuvres du 3e corps en 1876.

(Salon de 1878.)

Follette bull-terrier.

(Salon de 1879.)

Reproduction en plus petite dimension.

(Pour M. Truhaud.)

Route de Bonnières (Seine-et-Oise) : halte d'artillerie.

(Toile inachevée. Dernier ouvrage de Ginain.)

Ce catalogue des œuvres d'un artiste qui détestait les *écritures*, est forcément incomplet. Il a été impossible de suivre un certain nombre de tableaux dont les esquisses sont restées dans l'atelier de Ginain, chose rare ! Quant aux innombrables aquarelles et dessins, soit à la mine, soit à la plume, il a fallu renoncer à l'idée irréalisable d'en dresser la liste. Peut-être y aurait-il eu lieu de classer, parmi les études et esquisses non exécutées, celles qui ont le plus d'importance ?

www.ingramcontent.com/pod-product-compliance
Ingram Content Group UK Ltd.
Pitfield, Milton Keynes, MK11 3LW, UK
UKHW020401180726
13839UKWH00003B/1230